# LES

# RIVIÈRES DU SUD

## EN SEPTEMBRE 1890

### Par C. CERISIER

ANCIEN SECRÉTAIRE GÉNÉRAL
LIEUTENANT-GOUVERNEUR, PAR INTÉRIM, DES RIVIÈRES DU SUD

## COMMUNICATION

FAITE A LA SOCIÉTÉ DE STATISTIQUE DE PARIS
Dans sa séance du 19 novembre 1890

## NANCY

IMPRIMERIE BERGER-LEVRAULT ET Cie
18, RUE DES GLACIS, 18

1890

# LES
# RIVIÈRES DU SUD

## EN SEPTEMBRE 1890

### Par C. CERISIER

ANCIEN SECRÉTAIRE GÉNÉRAL

LIEUTENANT-GOUVERNEUR, PAR INTÉRIM, DES RIVIÈRES DU SUD

---

## COMMUNICATION

FAITE A LA SOCIÉTÉ DE STATISTIQUE DE PARIS

Dans sa séance du 19 novembre 1890

---

## NANCY

IMPRIMERIE BERGER-LEVRAULT ET C$^{\text{ie}}$

18, RUE DES GLACIS, 18

—

1890

# LES

# RIVIÈRES DU SUD

## EN SEPTEMBRE 1890

Messieurs,

Je m'empresse de vous exprimer tout le plaisir que j'éprouve à me retrouver, malheureusement pour trop peu de temps, au milieu de vous et à cimenter à nouveau, après une absence de service, par un compte rendu de mes impressions coloniales les liens qui m'unissent à la Société de statistique de Paris.

J'appartiens, vous le savez, par mes fonctions officielles, à une branche spéciale de la statistique, qui n'a peut-être pas acquis toute l'importance qu'elle devrait avoir dans vos délibérations, je dirai beaucoup par la faute des statisticiens coloniaux. Mais, lorsqu'il s'agit du but à atteindre, but essentiellement patriotique, la grandeur de notre pays dans les pays encore trop inconnus, il n'y a nulle crainte que les idées pratiques que je vais vous exposer trouvent des détracteurs parmi vous. En matière coloniale nous nous trouvons en effet à une époque où l'opinion est divisée, non seulement sur les résultats à attendre de l'avenir, mais encore sur les moyens à employer pour atteindre ces résultats ; à une époque où peut-être les bases d'appréciation font effectivement défaut aux partisans comme aux détracteurs, où enfin les travaux de statistique en matière coloniale ne sont peut-être pas à la hauteur de l'immense pas fait en découvertes, en politique et en organisation coloniale.

Mon intention ici n'est pas de jeter la pierre au passé. Je veux seulement dire que ce qu'il nous a laissé comme base d'appréciation et d'étude n'est plus en rapport avec notre mouvement moderne et qu'en matière coloniale depuis quelques années, si nous avons marché à pas de géants, la statistique officielle des colonies ne nous a pas suivis. Mais je m'aperçois que j'arrive des Rivières du Sud et que c'est de cette colonie principalement que je dois vous entretenir ce soir.

Justement, sera-t-il beaucoup question de statistique dans mon exposé ? Malheureusement non.

Pourquoi ? Parce que si une statistique tout au moins normale de ces pays a pu exister, elle s'est trouvée naturellement englobée dans celle de la colonie du Sénégal, dont ces pays dépendaient, et que si une distinction dans la méthode de renseignements enregistrés a pu exister, cette distinction ne peut avoir qu'une valeur relative basée sur le mérite des transmetteurs et des enregistreurs de données. Permettez-moi de douter de ce mérite jusqu'à preuve du contraire. Je parle ici en statisticien colonial convaincu.

On appelait autrefois, comme maintenant d'ailleurs, Rivières du Sud des dépendances de la colonie du Sénégal, situées au sud de Saloum, au delà de la colonie anglaise de la Gambie. C'étaient la Cazamance, le Rio-Cassini, le Rio-Nunez, le Dubreka, le Rio-Pongo et la Mellacorée, rivières, fleuves ou estuaires qui découpent cette partie de la côte d'Afrique située entre le 7ᵉ et le 11ᵉ degré de latitude et constituent actuellement pour ainsi dire et jusqu'à nouvel ordre les seuls moyens de pénétration pratique vers l'intérieur de ce mystérieux continent ou plutôt vers les points où viennent aboutir les sentiers de caravanes.

Des factoreries françaises, anglaises, allemandes, etc., sont établies sur ces divers cours d'eau et entretiennent avec l'intérieur et les pays avoisinants d'importantes relations commerciales.

Ces immenses étendues de côtes et les vastes territoires arrosés par ces diverses rivières avaient jusqu'à l'année dernière dépendu comme centralisation et administration de la colonie du Sénégal. Mais depuis le décret du 1ᵉʳ août 1889, une espèce d'autonomie administrative leur a été accordée ; et comme des filles majeures, susceptibles d'être émancipées, sous la surveillance de leur tuteur primitif, elles ont été livrées à elles-mêmes et chargées de s'administrer par leurs propres moyens. Elles avaient peut-être, avides d'une certaine indépendance, justifiée à mon avis, un peu travaillé pour cela.

La Cazamance et le Cassini, vu leur proximité avec la grande colonie mère du Sénégal, lui sont restées soumises, mais le Rio-Nunez, chef-lieu Boké, le Rio-Pongo, chef-lieu Boffa, le Dubreka, chef-lieu Dubreka et chef-lieu principal Conakry, la capitale de la colonie sur la côte et point central pour ainsi dire, la Mellacorée, chef-lieu Benty, ont obtenu une autonomie financière et administrative avec centralisation du protectorat français sur le Foutah-Djallon, la *terre promise de cette partie de l'Afrique*. Tels sont les résultats de la délimitation actuelle territoriale au point de vue de la création de la nouvelle colonie. C'est à ce moment, comme conséquence de l'application du décret du 1ᵉʳ août 1889 que j'ai eu occasion par les hasards de la carrière de faire connaissance avec ces territoires d'avenir, qui, actuellement, grâce aux paquebots de la compagnie Frayssinet et des Chargeurs réunis, sont à seize jours de France.

Mais parlons statistique. De mes vieilles données officielles, je tire ce renseignement que le Sénégal avait en 1885, 207,900 habitants, dont 44,600 pour les Rivières du Sud. Je ne garantis pas d'une façon rigoureuse l'authenticité de ce chiffre ; mais en tenant compte de la population africaine indigène nomade, on pourrait, je crois, tabler sur une quarantaine de mille âmes, de vrais sujets permanents pour la colonie des Rivières du Sud, les Européens figurant dans ce chiffre pour quelques dizaines d'individus seulement.

La colonie des Rivières du Sud a un budget local de 300,000 fr. par an, alimenté par 270,000 fr. environ de droits de douanes à la sortie et 30,000 fr. de patentes. C'est plutôt actuellement un budget d'essai et d'études, qui pourra se modifier d'après les résultats connus des premiers exercices.

Si nous parlons commerce, toujours d'après les anciennes données statistiques, l'exportation en 1885 se chiffrait par 3,706,594 fr. 85, mais ce chiffre n'est pas l'expression exacte du mouvement commercial, car il ne concerne que l'exportation, c'est-à-dire les sorties de denrées et de marchandises de crû. Il n'est pas question d'importation dans ce chiffre. Comme il n'existe pas de droits à l'importation, c'est-à-dire à l'entrée, je me trouverais par suite dans l'impossibilité de définir d'une façon exacte la valeur totale du mouvement commercial. Mais je puis cependant évaluer à 4 millions 1/2, en me basant sur la valeur des chargements des navires entrés en rivière, le montant des introductions opérées dans les rivières et déterminer par suite à 8 millions la valeur du mouvement commercial de cette partie de la côte d'Afrique, fin 1885. Ce chiffre est susceptible d'augmentation. On ne saurait en douter puisque nous ne sommes en ce moment qu'à la période de début et d'organisation primitive.

Maintenant que ces pays possèdent depuis le 1er janvier 1890 leur liberté d'allures, qu'ils sont majeurs, qu'une centralisation effective devra exister à Conakry, capitale, il y a lieu de penser qu'au 1er janvier 1891, ils seront à même de nous dire d'une façon positive et certaine ce qu'ils sont suceptibles de recevoir de la métropole et de lui envoyer en échange. J'ai tout lieu de croire qu'ils n'oublieront pas non plus dans leur première statistique de nous déclarer franchement en valeur ce que leur envoient l'Allemagne et l'Angleterre, car lorsque nos producteurs français pourront connaître exactement le revenu que pourrait leur assurer ce consommateur colonial, qui n'est pourtant pas nouveau, peut-être seront-ils moins hésitants, par suite plus entreprenants et animés d'une plus confiante initiative, initiative que l'étranger, lui, a déjà pour son compte su mettre à profit.

Voilà pour la statistique commerciale. Vous comprendrez facilement qu'il m'est difficile, faute d'une base positive, de vous donner des chiffres, puisque la première année commencée, l'année d'essai n'est pas encore terminée. Les Rivières du Sud sont nées le 1er janvier 1890 et nous sommes encore en 1890.

Je vous dirai cependant que mon jugement personnel me conduit à dire que l'élément français pourrait fort bien, faute d'initiative antérieure de la part des éléments de la métropole, avoir pour le moment le dessous dans la lutte commerciale et ne s'y trouver que relativement réprésenté. Le Français lui-même se fait malheureusement là-bas un peu trop l'agent et le propagateur de l'article étranger. Je l'ai constaté moi-même à regret. Il est vrai que ce n'est peut-être pas tout à fait de sa faute, mais plutôt celle du producteur ou fabricant de France. Au point de vue concessions de terres, la nouvelle administration a déjà pris ses mesures pour fournir tous les moyens d'établissement facile. La création récente d'une ligne normale de paquebots est un élément de prospérité de plus. Il ne s'agit plus que de perfectionner ce qui existe déjà.

Au chef-lieu comme dans les postes, c'est un peuplement, un courant d'immigration, plutôt un va-et-vient qui devra transformer Conakry surtout en une ville rivale de sa voisine Sierra-Leone. Conakry est port franc. Il étale avec orgueil son petit promontoire en face des îles de Los. Il offre ses terrains, ses éléments et ses débouchés de commerce, ses relations faciles avec la métropole comme avec l'intérieur de l'Afrique, sa rade, et en un mot sa belle situation non plus aux aventuriers de tous pays, mais aux immigrants français, disposés à tenter la fortune coloniale. J'ajouterai enfin en terminant que si ce petit promontoire porte le nom de presqu'île Tumbo, il ne justifie pas ce nom même par l'orthographe. En résumé, à l'ombre du drapeau tricolore qui a été hissé avec enthousiasme sur l'hôtel du Gouvernement le jour de l'inauguration du monument le 27 mai dernier, il y a les éléments nécessaires pour constituer le noyau d'une colonisation sérieuse et pratique, comprise comme peuvent le comprendre, à l'exemple des Anglais ou des Américains, les Français modernes. Les premiers initiateurs en fait de commerce, la Compagnie française de la côte occidentale d'Afrique, la nouvelle venue, la société Flers exportation, et enfin les quelques rares initiatives personnelles qui sont disséminées sur la côte sont là pour marcher avec nous, et nous aider au besoin à atteindre le but rêvé en facilitant le mouvement de transformation du pays, surtout à notre profit.

Je m'aperçois, messieurs, que j'ai peu parlé statistique. Je vous ai expliqué pourquoi. Il faudra donner le temps au nouveau pays, d'établir ses états et ses comptes, et de nous les présenter un jour, puisqu'il n'y a pas un an qu'il marche seul. Mais notre devoir de statisticiens est dès aujourd'hui de lui donner le conseil de ne pas négliger cette branche importante, qui lui fournira les bases nécessaires pour apprécier sa vitalité, justifier sa conduite, terrasser les critiques et museler la concurrence comme l'influence étrangère, lesquelles ne chôment pas, croyez-le bien.

Or la colonie des Rivières du Sud, capitale Conakry, est un point important de cette Afrique que les peuples modernes convoitent aujourd'hui d'ensemble.

En effet, vous n'ignorez pas que dans ces pays la monnaie courante d'échange, la base des transactions, c'est pour ainsi dire le tissu. Permettez-moi de ne pas mentionner l'alcool qui, lui aussi, joue son rôle accessoire d'influence.

En fait de tissus nous savons, nous Français, produire pour notre consommation et notre commerce d'Europe. Nous ne sommes installés que pour fabriquer de bonnes et belles étoffes dont la consommation comme la réputation est assurée en Europe. S'il s'agissait de modifier immédiatement cet outillage de fabrication et les vieilles habitudes en vue de produire pour l'Afrique, il se produirait peut-être, je le sais, non seulement des hésitations, mais même des liquidations préjudiciables. Mais quand l'expérience et la constatation nous amènent à nous convaincre que l'étranger est déjà prêt, qu'il a su nous devancer et se mettre avant nous au niveau de ces peuples primitifs, notre devoir à nous est de modifier nos batteries, et de venir, nous aussi, montrer à ces peuples indigènes que nous sommes susceptibles de leur donner commercialement les mêmes choses et de les fabriquer nous-mêmes. Il ne faut pas en effet qu'ils puissent s'apercevoir que nous avons besoin de l'étranger pour leur porter notre civilisation et que nous pouvons la leur inculquer plus facilement encore avec le tissu et le produit effectivement national qu'avec le rhum à 60 centimes la dame-jeanne, ou la guinée anglaise à 60 centimes la pièce, importés dans ces pays non seulement par des navires allemands et anglais, mais même par des navires français.

La statistique des rapports avec l'intérieur de la nouvelle colonie nous donnera un jour, espérons-le, le chiffre exact des besoins du pays en tissus et en rhum et permettra alors d'apprécier exactement la valeur des échanges, autrement dit, du débouché commercial qu'elle sera susceptible de fournir à la métropole.

Pour porter remède à cette situation que je signale, qu'il nous suffise pour le moment de savoir en France qu'on consomme beaucoup là-bas, et que ce nouveau pays peut, lui aussi, constituer une porte pour l'écoulement intelligent et avantageux de nos produits et leur remise par suite avec profit aux caravanes de l'intérieur, lesquelles sont toujours disposées à venir traiter et échanger avec nous. Conakry doit avoir pour objectif de devenir pour l'avenir le port du Foutah-Djallon. Vous comprendrez, n'est-ce pas? pourquoi j'ai eu soin de dire tout à l'heure que la faute de notre infériorité commerciale actuelle ne devait pas retomber principalement sur le Français commerçant de là-bas, mais bien sur le fabricant ou producteur de France, car dans la lutte commerciale, le premier a à considérer, indépendamment de ses aptitudes et de son enthousiasme patriotique, le bénéfice à réaliser sur les opérations, la concurrence qui lui est faite et le prix de revient d'origine. C'est pour cela qu'actuellement en Afrique, du moins dans les Rivières du Sud, il n'est pour ainsi dire actuellement qu'un intermédiaire cosmopolite, alors qu'il devrait être le représentant direct du producteur national, en vue de l'influence future à maintenir maintenant, toujours et quand même dans cette partie du grand continent noir au point de vue de la colonisation française.

En terminant, voici en quoi consisterait actuellement le programme primitif à exécuter dans cette nouvelle colonie.

### Programme de première organisation.

1° Balisage de toutes les rivières et des abords de Conakry. Nécessité immédiate d'offrir à Conakry des facilités pour arriver au mouillage de jour comme de nuit.

2° Étude et création de routes, ou plutôt amélioration des sentiers qui conduisent vers l'intérieur du continent. Abandon aux chefs indigènes du soin de leur entretien sous la surveillance et avec l'aide de l'administration. Recommandation et obligation de les tenir toujours ouvertes aux caravanes, dans les conditions fixées déjà d'ailleurs par les traités existants.

3° Établissement des communications régulières par vapeur annexe entre les diverses rivières de la côte et les points les plus importants : Conakry, Dakar, Sierra-Leone. Organisation complète et définitive d'un service postal régulier, non seulement avec l'intérieur, mais encore avec l'extérieur.

4° Fondation immédiate d'écoles françaises à Conakry et tout au moins au chef-lieu de chaque district : Rio-Nunez, Rio-Pongo, Dubreka, Mellacorée.

5° Exécution des travaux d'utilité publique reconnus nécessaires par le conseil d'administration du pays et approuvés par le département des colonies après arrêté du projet.

6° Développement au chef-lieu de Conakry, au moyen de concessions individuelles facilement accordées et intelligemment distribuées, d'un centre d'activité, noyau central, *port franc*, qui devra rayonner sur l'intérieur du continent et sur toutes les rivières de la côte. Par une propagande saine et de bon aloi, par des facilités d'établissement peu onéreuses et bien combinées attirer surtout l'émigration de sujets français, des gros et petits commerçants, pour lesquels, à mon avis, la transformation et l'assimilation de l'élément indigène sera un jeu, car l'indigène de cette partie de la côte n'est pas hostile à l'Européen, bien au contraire.

7° Obtenir du service colonial la part financière qui était dépensée pour les Rivières du Sud par la colonie mère du Sénégal et l'affecter principalement par suite aux travaux primitifs profitables exclusivement à la jeune colonie, notamment au chef-lieu. Employer aussi une partie de ces ressources de préférence au paiement du personnel administratif proprement dit, mon avis étant que les ressources purement locales doivent être plus spécialement et plus exclusivement affectées aux besoins généraux et propres de la colonie.

8° Placer dans le Foutah-Djallon, près de l'Almamy de ce pays, à Timbo même, un délégué du pouvoir central, c'est-à-dire du gouverneur de la colonie des Rivières du Sud, délégué qui devra communiquer régulièrement tous les 15 jours au moins avec Conakry.

9° Obtenir la présence permanente d'un aviso de l'État aux ordres du gouverneur, sur rade de Conakry.

10° Organisation et perfectionnement du corps indigène des milices. Adjonction d'un cadre de sous-officiers européens et placement à la tête de cette milice d'un commandant inspecteur chargé de la surveillance et de la centralisation générales en même temps que du commandement militaire sous les ordres du gouverneur.

11° Création d'archives, d'un *Journal officiel,* ayant un caractère absolument pratique et commercial, contenant tous les renseignements, données statistiques, susceptibles d'éclairer le public et de pousser par la vulgarisation l'élément français d'Europe émigrant, fabricant, producteur, marchand, etc., à comprendre la possibilité d'opérations rémunératrices à tenter de ces côtés.

12° Organisation sur des bases positives de la justice locale dans le but d'éviter la lenteur des solutions judiciaires, les frais de déplacement nécessités par les affaires de justice, soumises toujours à la juridiction du Sénégal, en un mot, les inconvénients inhérents à la difficulté des communications entre les deux colonies, qui sont encore relativement trop éloignées l'une de l'autre pour des solutions rapides.

13° Constitution, comme point de départ des résultats attendus, d'une caisse de réserve ou de prévoyance, laquelle sera alimentée par un prélèvement obligatoire de    p. 100, sur les rentrées du budget et par l'excédent des réalisations sur les prévisions dans les années heureuses. Étude raisonnée et comparative, après consultation des commissions locales compétentes, des modifications à apporter au mode d'assiette et de perception de l'impôt actuel. Question de l'importation qui semble surtout aujourd'hui profiter un peu trop à l'étranger.

14° Organisation sur des bases raisonnées et positives du personnel administratif en le proportionnant ainsi que sa solde aux besoins réels du moment et à la période d'organisation.

Ce programme, c'est l'avenir pratique, tel que je l'entrevois avec la réussite au bout, sans chauvinisme, pénétré de cette grande pensée d'un grand économiste, notre éminent collègue M. Paul Leroy-Beaulieu :

« La colonisation est pour la France une question de vie ou de mort. Ou la France deviendra une grande puissance *africaine,* ou elle ne sera, dans un siècle ou deux, qu'une puissance européenne secondaire. Nous ambitionnons pour notre patrie des destinées plus hautes. Que la France devienne une nation colonisatrice, alors se rouvrent devant elle les longs espoirs et les vastes pensées. »

C. CERISIER.

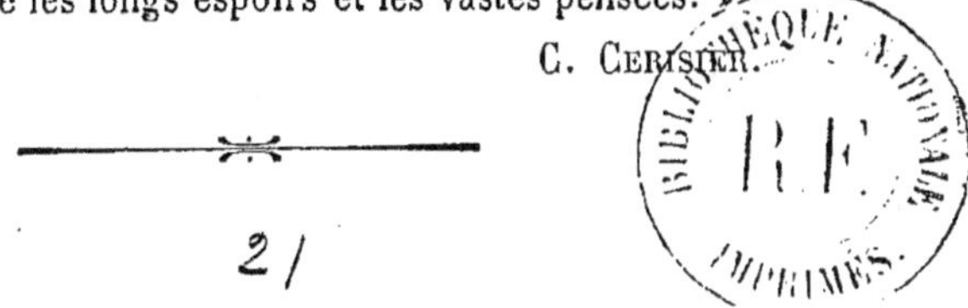